BEI GRIN MACHT SICH IHR WISSEN BEZAHLT

- Wir veröffentlichen Ihre Hausarbeit, Bachelor- und Masterarbeit
- Ihr eigenes eBook und Buch - weltweit in allen wichtigen Shops
- Verdienen Sie an jedem Verkauf

Jetzt bei www.GRIN.com hochladen und kostenlos publizieren

Bibliografische Information der Deutschen Nationalbibliothek:

Die Deutsche Bibliothek verzeichnet diese Publikation in der Deutschen Nationalbibliografie; detaillierte bibliografische Daten sind im Internet über http://dnb.dnb.de/ abrufbar.

Dieses Werk sowie alle darin enthaltenen einzelnen Beiträge und Abbildungen sind urheberrechtlich geschützt. Jede Verwertung, die nicht ausdrücklich vom Urheberrechtsschutz zugelassen ist, bedarf der vorherigen Zustimmung des Verlages. Das gilt insbesondere für Vervielfältigungen, Bearbeitungen, Übersetzungen, Mikroverfilmungen, Auswertungen durch Datenbanken und für die Einspeicherung und Verarbeitung in elektronische Systeme. Alle Rechte, auch die des auszugsweisen Nachdrucks, der fotomechanischen Wiedergabe (einschließlich Mikrokopie) sowie der Auswertung durch Datenbanken oder ähnliche Einrichtungen, vorbehalten.

Impressum:

Copyright © 2016 GRIN Verlag, Open Publishing GmbH
Druck und Bindung: Books on Demand GmbH, Norderstedt Germany
ISBN: 9783668356306

Dieses Buch bei GRIN:

http://www.grin.com/de/e-book/344977/programmplanung-und-marketing-in-der-weiterbildung

Martina Kellner-Fichtl

Programmplanung und Marketing in der Weiterbildung

GRIN Verlag

GRIN - Your knowledge has value

Der GRIN Verlag publiziert seit 1998 wissenschaftliche Arbeiten von Studenten, Hochschullehrern und anderen Akademikern als eBook und gedrucktes Buch. Die Verlagswebsite www.grin.com ist die ideale Plattform zur Veröffentlichung von Hausarbeiten, Abschlussarbeiten, wissenschaftlichen Aufsätzen, Dissertationen und Fachbüchern.

Besuchen Sie uns im Internet:

http://www.grin.com/

http://www.facebook.com/grincom

http://www.twitter.com/grin_com

Einsendeaufgaben zum Modul EB 1000

„Programmplanung und Marketing"

EB 1010: Weiterbildung und soziale Milieus: Grundlagen für Programmplanung und Bildungsmarketing

EB 1020: Weiterbildungsmarketing

Gender-Hinweis: In meinen Ausführungen verwende ich aus Vereinfachungsgründen sowohl die männliche als auch die weibliche Form abwechselnd. Die jeweils andere Form ist miteingeschlossen.

Inhalt

Einsendeaufgabe 1 2
Einsendeaufgabe 2 4
Einsendeaufgabe 3 6
Einsendeaufgabe 4 8
Literaturverzeichnis 13

Einsendeaufgabe 1

Beschreiben Sie die Anfänge sowie zentrale Leitstudien der Adressatenforschung. Wie und wo ist dabei die „Entdeckung des Adressaten" zu verorten?

Bevor ich auf die Beschreibung der Anfänge sowie zentraler Leitstudien der Adressatenforschung eingehe, gebe ich eine Definition der Begriffe Adressat und Adressatenforschung. Adressat/-innen sind „Personen, die mit Weiterbildungsveranstaltungen erreicht werden sollen. Die Gruppe der A. umfasst aktuelle sowie potenzielle Teilnehmer/-innen. Soziale Lage, Vorbildung, Alter und Geschlecht sind zentrale Determinanten ihres Bildungsverhaltens, ihrer Einstellung gegenüber Bildung und ihrem Interesse an Weiterbildungsangeboten." (Reich-Claassen, 2012, Glossar S. IV)

Adressatenforschung „zielt auf die Untersuchung von Bildungsinteressen, Lernbedürfnissen sowie der Teilnahmemotivation unterschiedlicher Teilnehmergruppen und potenziellen, d.h. neuen oder bisher kaum erreichten Adressaten der Erwachsenenbildung ab." (Reich-Claassen, 2012, Glossar S. IV)

Die Anfänge der Adressatenforschung reichen in Deutschland bis in die frühen 20er Jahre des vorigen Jahrhunderts zurück. Sie stützen sich auf qualitative und quantitative Untersuchungen vor dem 2. Weltkrieg. Neue Schwerpunkte kamen um 1950 hinzu. Wie beispielsweise die Frage nach der Gleichheit und Ungleichheit in der Erwachsenenbildung. Ein besonderes Augenmerk wurde hierbei auf den Zusammenhang zwischen sozialer Lage und Bildungsverhalten sowie von subjektiven Einstellungen und Interessenslagen bezüglich der Weiterbildung gelegt. (vgl. Reich-Claassen, 2012, S. 9f)

Nach der Beschreibung der Anfänge der Adressatenforschung gehe ich nun auf die zentralen Studien ein. Dies sind die Hildesheim-Studie, die Göttinger Studie sowie die Oldenburg-Studie. Die Frage nach der Bildungsfähigkeit Erwachsener sowie die Einstellung zur Erwachsenenbildung beschäftigte die Hildesheim-Studie, welche bis heute Gültigkeit besitzt. Das Ergebnis kann unter die Begriffe „Weiterbildungsschere" oder „Kluft zwischen Wissen und Handeln zusammengefasst werden. Dies bedeutet, dass es eine große Diskrepanz bezüglich der Wertschätzung von Weiterbildung sowie der tatsächlichen Teilnahme an Veranstaltungen der Weiterbildung gibt. (vgl. Reich-Claassen, 2012, S. 10)

Die Göttinger Studie kann als Leitstudie der Adressatenforschung bezeichnet werden. Hier ist die „Entdeckung des Adressaten" zu verorten. Das Wie lässt sich wie folgt beantworten: Auf der Basis eines vierstufigen Schichtmodells der Gesellschaft wurde eine „[…] Beschreibung und Differenzierung von Bildungsverhalten, Bildungsinteressen, Bildungsbegriff und grundlegenden Einstellungen zu Bildung und Weiterbildung […]" (Reich-Claassen, 2012, S. 10) vorgenommen. (vgl. Reich-Claassen, 2012, S. 10) Auf Grund ihrer Feindifferenzierung ist sie eine wichtige Vorstudie der späteren „Millieuforschung". Dies nimmt eine noch genauere Feindifferenzierung der Adressaten vor. (vgl. Reich-Claassen, 2012, S. 10) Eine bis heute gültige Erkenntnis ist, dass die Schulbildung weiterhin der stärkste Prädiktor der Teilnahme an Weiterbildung ist. Hier wird auch vom „Matthäusprinzip" gesprochen. D.h. Wer bereits hat, dem wird gegeben. (vgl. Reich-Claassen, 2012, S. 10)

An die Göttinger Studie knüpft die Ordenburg-Studie an. Sie kam ebenfalls zum Ergebnis, dass eine „Weiterbildungsschere" zu erkennen ist. Die Diskrepanz hatte sich weiter verstärkt und ging bei ungünstigen sozialen Faktoren wie beispielsweise niedriger Schulabschluss, noch weiter auseinander. Dies kann auch als Kumulation von Bildungsbenachteiligung im Lebenslauf bezeichnet werden. Eine weitere gruppenspezifische Differenzierung der Beteiligung an Weiterbildungsveranstaltungen konnte auch bezüglich der Faktoren Alter, Geschlecht und Region nachgewiesen werden. D.h. Je jünger die Personen waren, desto häufiger nahmen sie an Weiterbildung teil; Männer nahmen verstärkt an Weiterbildung teil; eine urbane Umgebung war vorteilhaft. (vgl. Reich-Claasen, 2012, S. 11)

Einsendeaufgabe 2

Fassen Sie die wichtigsten milieu-übergreifenden Befunde der Studien „Lebenswelten von Menschen mit Migrationshintergrund" sowie „Bildung, Milieu & Migration" zusammen. Diskutieren Sie: Welche Bedeutung haben diese Erkenntnisse für die Erwachsenenbildung/Weiterbildung?

Bevor ich die Studien zusammenfasse und diskutiere gehe ich auf die Begriffe „Lebenswelt" und „soziales Milieu" ein. „L. bezeichnet die Erlebniswelt des gesellschaftlichen Nahbereichs eines Individuums, d.h. seine alltäglichen, privaten, beruflichen und gesellschaftlichen Beziehungen. Die L. ist der Bereich, der Gewissheit und Plausibilität stiftet." (Reich-Claassen, 2012, Glossar Seite V)

Der Begriff „Milieu" beschreibt zunächst die Umwelt von Personen, Gruppen, Bevölkerungsteilen oder Gesellschaften. „Im Kontext der neueren Lebensstil- und Ungleichheitsforschung wird zunehmend eine innere, handlungstheoretisch fundierte Dimension von „Milieu" in die Definition mit einbezogen. Milieus beschreiben demnach Gruppen von Personen, die durch ähnliche Lebensziele und ähnliche Lebensstile Einheiten innerhalb der Gesellschaft bilden." (Reich-Claassen, 2012, Glossar Seite VII)

Nun nehme ich eine Zusammenfassung der SINUS-Studie über Migranten-Milieus in Deutschland vor. Es ist eine repräsentative Studie, welche acht verschiedene Migrantenmilieus mit unterschiedlichen Lebensmustern abbildet. Die Studie wiederlegt das verbreitete Klischee, dass Migranten sich nicht anpassen könnten. Häufig werden die Defizite hervorgehoben und der kulturelle Gewinn vernachlässigt. Faktoren wie ethnische Zugehörigkeit, Religion und Zuwanderungsgeschichte beeinflussen zwar die Alltagskultur, sind aber nicht milieuprägend. Die Ressourcen der Migranten werden unterschätzt. Der Einfluss religiöser Traditionen wird oft überschätzt. Nur in einem der acht Milieus spielt die Religion eine alltagsbestimmende Rolle. Im Religiös-verwurzelten Milieu. In allen Milieus gibt es spezifische Integrationsbarrieren. Integrationsdefizite sind wie bei den Deutschen auch, am ehesten in den unterschichtigen Milieus anzutreffen. Die meisten Migranten verstehen sich als Angehörige der multi-ethnischen deutschen Gesellschaft und wollen sich aktiv einfügen - ohne ihre kulturellen Wurzeln zu vergessen. Mehr als die Hälfte der Befragten zeigt einen uneingeschränkten Integrationswillen. 87 % sagen: Alles in allem war es richtig, dass ich bzw. meine Familie nach Deutschland gekommen sind. „Erfolgreiche Etablierung in der Aufnahmegesellschaft ist wesentlich bildungsabhängig.

Grundsätzlich gilt: Je höher das Bildungsniveau und je urbaner die Herkunftsregion, desto leichter und besser gelingt dies. Der großen Mehrheit der Einwanderer ist dieser Zusammenhang bewusst. Die meisten haben entsprechend einen ausgeprägten Bildungsoptimismus - der allerdings aufgrund von strukturellen Hürden, Informationsdefiziten und Fehleinschätzungen nicht immer in adäquate Abschlüsse und Berufspositionen mündet. „ (http//: 1) Bei den Migranten ist die Bereitschaft zu Leistung und Wille zum gesellschaftlichen Aufstieg groß. Die Beherrschung der deutschen Sprache ist ein wichtiger Integrationsfaktor. Dagegen ist das Spektrum der Grundorientierungen bei den Migranten breiter, das heißt heterogener als bei den Bürgern ohne Zuwanderungsgeschichte. „Insgesamt zeigen die Ergebnisse dieser Untersuchung, dass es sich bei den in Deutschland lebenden Menschen mit Migrationshintergrund nicht um ein besonderes und schon gar nicht um ein einheitliches Segment in der Gesellschaft handelt. Die den verbreiteten Negativ-Klischees entsprechenden Teilgruppen gibt es zwar, und sie sind im vorliegenden Migranten-Milieumodell auch lokalisierbar. Aber es sind sowohl soziodemografisch als auch soziokulturell marginale Randgruppen." (http//: 2)

Die Studie „Bildung, Milieu & Migration" widmet sich der Untersuchung verschiedener Bildungsverläufe, Bildungsbarrieren von Personen und Bildungseinstellungen mit Migrationshintergrund. Ziel ist es in Bezug zur Herkunftskultur und Milieuzugehörigkeit die Unterschiedlichkeit und Pluralität von Bildungserfahrungen und –verläufen nachzuzeichnen. Auch hier gilt es die Defizitorientierung aufzubrechen. Im Vordergrund stehen die Zukunftsperspektiven und Lebenseinstellungen der Migranten. (vgl. Reich-Claassen, 2012, S. 27f) Mehrsprachigkeit wird in allen Milieus befürwortet. Die Bildungsverläufe und –wünsche sowie die Bewertung von Bildung sind milieuspezifisch unterschiedlich. (vgl. Reich-Claassen, 2012, S. 28)

Für die Erwachsenenbildung/Weiterbildung bedeutet dies, dass verstärkt auf die Vermittlung von Deutschkenntnissen geachtet wird. Bildungsangebote bezüglich der Deutschen Sprache fördern die Integration. Hierbei muss darauf geachtet werden, dass mangelnde Deutschkenntnisse nicht mit mangelnden schulischen Kompetenzen gleichzusetzen sind. (vgl. Reich-Claassen, 2012, S. 66) Ebenso ist es wichtig zu wissen, dass Leistungsorientierung und grundsätzliches Interesse an Weiterbildung vorhanden sind. Dem hohen Interesse an Weiterbildung steht jedoch eine geringe Anzahl an tatsächlichen Teilnehmern an Weiterbildung gegenüber. Aus den Studien können Schlüsse für die didaktische Gestaltung von Weiterbildungsveranstaltungen geschlossen werden. Die Ergebnisse der Studien können dazu verhelfen, die Lebenswelt und Bedarfe der Migrantengruppe besser zu kennen und dadurch zielgerichteter auf diese eingehen zu können. Beispielsweise bei der Lehrerbildung. Das Wissen über zentrale Werte ist beispielsweise bei Elterngesprächen von Vorteil. Des Weiteren sind Beratungsangebote bezüglich der verschiedenen Weiterbildungsmöglichkeiten erforderlich. Dadurch können vorhandene Ressourcen besser erkannt und genutzt sowie Unterstützungsmöglichkeiten erkannt werden. (vgl. Reich-Claassen, 2012, S. 66)

Einsendeaufgabe 3

Kundenorientierung zeitbedingt?

Dass der Kunde mit seinen Bedürfnissen und Nutzenvorstellungen im Mittelpunkt des Marketing steht, erscheint uns heute als Selbstverständlichkeit. Aber diese Vorstellung ist in einer bestimmten Marktsituation entstanden.

a) Welche Marktsituation hat zur entschiedenen Kunden- und Nutzenorientierung heute geführt? Vergleichen Sie mit anderen (auch historischen) Marktkonstellationen, die zu anderen Marketingorientierungen geführt haben.

b) Was bedeutet es für den Anbieter und sein Marketing, wenn heute nicht mehr der Wert des angebotenen Gutes, sondern sein Nutzen für den Nachfrager im Zentrum seines Interesses stehen?

Bevor ich auf die Beantwortung der Fragen eingehe erkläre ich die Begriffe Bedürfnis und Marketing. Ein **Bedürfnis** ist der Wunsch der aus dem Empfinden eines Mangels herrührt. Bedürfnisse sind emotional oft unbewusst und streben nach Befriedigung. **Marketing** heißt wörtlich „Vermarktung". Marketing ist die „Konzeption und Gesamtheit aller marktgerichteten unternehmenspolitischen Maßnahmen und somit ein Teilgebiet der Betriebswirtschaftslehre. (vgl. Schlutz, 2014, Glossar S. XI)

Zu a) Mit Markt ist der „Ort des Zusammentreffens von Angebot und Nachfrage und Austauschstätte für eine bestimmte Güter –oder Leistungsklasse" (Schlutz, 2014, Glossar S. XII) gemeint. Die Kunden- und Nutzenorientierung ist unter den Bedingungen des Wirtschaftens und der Markterfassung im 20. Jahrhundert entstanden. Zunächst stand für die Unternehmen die eigene Produktion im Focus, da die Nachfrage das Angebot bei weitem überstieg. Dies nennt sich Verkäufermarkt. Dies fand in der Zeit der industriellen Revolution mit vielen technischen Erfindungen statt. Das stärkere Produktionswachstum führte zu einem größeren Angebot und folglich zum Wettbewerb wer das beste Produkt herstellt. Dies nennt sich Produktkonzept. Sobald dem Bedarf ein ausreichendes Angebot gegenübersteht, sinkt die Nachfrage und der Hersteller versucht es mit dem Verkaufskonzept. Deshalb wurde in den 20er-Jahren häufig der Vertrieb aus der allgemeinen Verwaltung ausgelagert. Verkaufstechniken allein reichen jedoch nicht aus. Wenn das Angebot die Nachfrage übersteigt so entsteht ein Käufermarkt. Nun muss der Anbieter auch die wechselnden Bedürfnisse der Nachfrager am besten befriedigen. Nicht nur die Qualität reicht aus. Deshalb wurde nun mehr vom „Markt her gedacht" und es entstand ein neues Marketing-Konzept. In Deutschland hat es nach dem Zweiten Weltkrieg einen Rückfall in die Mangelwirtschaft gegeben. Sie führte zu einer erneuten Produktionsorientierung. In den 60er-Jahren wurde das Augenmerk auf den Vertrieb und Verkauf gerichtet. Ab den 70er-Jahren konnte ein Käufermarkt und die Marktorientierung festgestellt werden. Vor allem der Konsumgütermarkt war von diesem schnellen Durchlauf mehrerer Stadien betroffen. Der Dienstleistungsmarkt war den ökonomischen Marktkräften noch nicht so stark ausgesetzt. Kotler schlug eine Erweiterung des Marketing-Konzepts vor, welche sich besonders auf gesellschaftsbezogenes Marketing in Non-Profit-Organisationen stützt. Der Begriff des allgemeinen Marketing sollte präzisiert werden. Anschließend forderte Kotler eine Marketing-Ethik. Ziele und Formen des Marketings sollten auf schädliche Wirkung hin überprüft werden. Nach den 2000er-Jahren geht Kotler von einem wohlfahrtsbedachtem Marketing aus. Dieses berücksichtigt neben den individuellen Kundenwünschen auch die Gemeinwohlinteressen. (vgl. Schlutz, 2014, S. 9-10)

Die Entwicklung des Marketings ist, wie oben dargestellt, von wirtschaftlichen und sozialen Rahmenbedingungen abhängig. Die derzeit aktuelle Variante ist das nachfrageorientierte Marketing-Konzept. Inwieweit sich dies in Zukunft ändert ist noch offen. Einige sehen das wohlfahrtsbedachte Marketing, andere das umfeld- und netzwerkorientierte Marketing kommen. Hierbei stellt sich die Frage, ob es sich nicht nur um die Intensivierung bisheriger Denkansätze handelt. (vgl. Schlutz, 2014, S. 10)

Zu b) Güter haben nach der modernen Werttheorie keinen eigenen bzw. inneren Wert, sondern werden nach dem Nutzen eingeschätzt. Der Nutzen steht für den Nachfrager im Vordergrund. Für den Anbieter von Weiterbildungsangeboten und sein Marketing bedeutet dies, dass er bildungsinteressierte Menschen davon überzeugen muss, dass der Besuch einer Weiterbildungsveranstaltung mehr „[…] Nutzen stiftet als die Alternative, autodidaktisch zu lernen."(Schlutz, 2014, Glossar S. XIII) Nutzen bedeutet, dass das Angebot die Fähigkeit besitzt, das menschliche Bedürfnis zu erfüllen. Das Marketing eines Weiterbildungsanbieters muss ein Nutzenversprechen machen. Dies ist eine der wichtigsten Aufgaben von Marketing. Eine vorteilhafte und glaubwürdige Darstellung des Weiterbildungsanbieters in der Öffentlichkeit, dass er den gewünschten Nutzen von potenziellen Teilnehmern erfüllen kann, ist somit enorm wichtig da hierdurch die Wahrscheinlichkeit zur Teilnahme an der Weiterbildungsveranstaltung gesteigert werden kann. (vgl. Schlutz, 2014, Glossar S. XIII)

Einsendeaufgabe 4

Ausgangspunkt wie in Aufgabenstellung beschrieben.

Stellen Sie sich vor, Sie sind ein Mitglied dieses Teams. Welche Ziele wollen Sie zunächst erreichen und welche strategischen Entscheidungen (Marktwahl, Wachstumsstrategien, Vorteilsstrategien) würden Sie vorschlagen? Welche ein oder zwei Marketinginstrumente müssten zunächst Vorrang haben (Beispiele stichwortartig)? Begründen Sie Ihre Entscheidungen, verwenden Sie die Fachausdrücke des Studientextes. (Es kommt nicht darauf an, dass Sie fachliche Kenntnisse im Fremdsprachenbereich haben und in dieser Hinsicht korrekte Entscheidungen treffen.)

Ich gehe nun der Reihe nach auf die oben gestellten Fragen ein. Nach der Analyse der derzeitigen Situation würde ich folgende Marketingziele anstreben: Kundenzufriedenheit und Unternehmenserfolg. Wenn die Kunden zufrieden sind, so hat das Unternehmen Erfolg. Dass wir alle als Mitbegründer motiviert sind, setze ich voraus. Deshalb ist hier das Ziel der Mitarbeiterbindung nicht passend. Marketingziele sind Vorgaben, was durch Anstrengungen im Marketing zukünftig erreicht werden soll. Hier also, was wir nach der Gründung der Sprachenschule erreichen wollen. Unsere Marketingziele müssen mit den Leitzielen unserer Gesamtorganisation in Einklang stehen und setzen die Angabe eines Erfolgskriteriums voraus. Nur so kann anschließend genau evaluiert werden. Hier würde ich sagen, wenn die anderen Mitgründer noch in ihrem Beruf bleiben möchten, dass eine bestimmte Anzahl an z.B. Sprachkursen festgelegt wird sowie der finanzielle Gewinn, welcher erwirtschaftet werden soll. Zu Beginn wird das Ziel evtl. vorerst der Bestandserhalt sein. Die alte Villa könnte, auf Grund der Niedrigzinslage, günstig renoviert werden. Dadurch können Mietkosten gespart werden. Des Weiteren muss eine funktionsgerichtete Entscheidung der Ziele getroffen werden. Ob ökonomische Ziele (wie Gewinn, Rentabilität, Liquidität, Marktanteil) oder psychologische Ziele (Zufriedenheit, Motivation, Kaufpräferenzen, Image) sowie soziale Ziele (Betriebsklima, Arbeitsplatzsicherheit, Kundenbeziehung) im Vordergrund stehen. In Bezug auf die ökonomischen Ziele würde ich vorerst als Ziel anstreben einen gewissen Marktanteil einzunehmen und in der Öffentlichkeit an Bekanntheit zu gewinnen sowie der Bestandserhalt. Psychologisch betrachtet sollten wir die Kaufpräferenzen genau unter die Lupe nehmen, damit wir viele Teilnehmer an unseren Sprachseminaren verzeichnen können. Von Motivation gehe ich bei uns allen aus, da wir dies selbst entschieden haben. Als soziales Ziel sehe ich das Betriebsklima als enorm wichtiges Ziel an, da vor allem zu Beginn einer Gründung von Allen viel Energie abverlangt wird. Gegenseitiges Vertrauen, aufeinander verlassen können sowie Einsatzbereitschaft von allen Mitgliedern sehe ich als Voraussetzung an, damit das Vorhaben der Gründung einer Sprachenschule gelingt. (vgl. Schlutz, 2014, S. 24f)

Marketingstrategien sind längerfristige Pläne, die das Marketing-Handeln steuern und dadurch helfen, die Ziele zu erreichen. Ich gehe nun darauf ein, welche strategischen Entscheidungen ich treffen würde und begründe dies. Die Marktwahl erfolgt durch Marktsegmentierung. Folgende Segmentierungskriterien sind zu nenne: Produkt- oder Leistungsmerkmale, Kundenmerkmale und Bedürfnis- oder Nutzenmerkmale. Zur Profilierung von Marktsegmenten wird meist die Kreuzung zwei solcher Merkmale empfohlen. Ich würde in unserer Sprachenschule den Schwerpunkt auf Sprachkurse in Deutsch und Englisch für Migranten legen. Auf Grund der derzeitigen politischen Situation, da viele Syrer in Deutschland Asyl suchen, wird die Nachfrage an Deutschkursen sehr hoch sein. Die Kosten für die Teilnahme werden von öffentlichen Kassen bezahlt und sind somit ein sicheres „Einkommen". Das Angebot wird die Nachfrage in dieser hohen Zahl nicht decken können, so dass die Wahrscheinlichkeit sehr hoch ist, dass die Kurse ausgebucht sein werden. Später kann evtl. noch das Geschäftsfeld der Integrationsberatung mitaufgenommen werden. Ebenso bieten wir Sprachkurse für Wirtschaftsenglisch an. Dadurch haben wir es mit unterschiedlichen Absatzmärkten zu tun und streuen unser Risiko. (vgl. Schlutz, 2014, S. 25f)

Folgende Strategien sind dabei zu unterscheiden: Gesamtmarktabdeckung, Marktspezialisierung, Produktspezialisierung und Nischenbildung. Ersteres sehe ich für uns nicht passend, da wir dies als „Neugründer" nicht leisten können. Hier würde ich die Marktspezialisierung mit Produktspezialisierung mischen. Also Kurse in Deutsch und Englisch für Migranten und alle anderen interessierten Bevölkerungsgruppe anbieten. (vgl. Schlutz, 2014, S. 26f)

Nun müssen wir uns für eine Wachstumsstrategie entscheiden. Möglich sind eine Marktdurchdringung, Marktentwicklung, Leistungsentwicklung und Diversifikationsstrategie. Ich würde als Wachstumsstrategie auf die Marktentwicklung setzen. Dies bedeutet neue Märkte erschließen und neue Nutzergruppen (Asylanten) durch Sprachkurse zu unterstützen. Aber auch alle anderen an Sprachkursen interessierten Adressaten ansprechen. Stärkere Stammkundenbindung ist nicht möglich, da ja noch keine Stammkunden vorhanden sind. Die Leistungsentwicklung sehe ich als nicht passend, da wir uns durch Innovationen vom Wettbewerb differenzieren müssten, was evtl. viel Potenzial hätte aber ich zu Beginn als zu aufwendig einschätze. Die Diversifikationsstrategie erachte ich als zu riskant, wegen der möglichen Zunahme an Komplexität und möglicher Veränderung der Sprachenschule. (vgl. Schlutz, 2014, S. 26ff)

Als Vorteilsstrategie können wir zwischen der Kostenführerschaft und der Leistungs- oder Qualitätsführerschaft wählen. Sie sind nicht miteinander vereinbar, da diese zu viele Ressourcen benötigen würden. Deshalb werden sie auch strategische Alternativen genannt. Hier geht es um Kosten- oder Leistungsvorteile, die den Käufer stimulieren sollen. Wenn wir viele Sprachkurse für Asylanten anbieten, so werden sich viele Bildungsträger hierfür bewerben und evtl. einen günstigere Preis bieten können, da diese eine bereits gute Struktur, viel Erfahrung, die demensprechenden Ressourcen usw. bereits vor Ort besitzen. Deshalb müssen wir durch Qualität und dennoch einen angemessenen Preis versuchen, den Zuschlag bei den öffentlichen Stellen wie beispielsweise der Agentur für Arbeit, der Deutschen Rentenversicherung usw. zu erhalten. Hier habe ich die Erfahrung gemacht, dass es sehr wichtig ist, direkt vor Ort mit den zuständigen Personen der Ämter zu sprechen und das z.B. Sprachenkonzept persönlich vorzustellen. Alleinstellungsmerkmale und Differenzierung vom Konkurrenten deutlich zu machen und auf die Qualität hinzuweisen wenn der Preis etwas höher ist als bei anderen – vermeintlich günstigeren Anbietern. Bei diesen aber evtl. die Qualität auf Grund größerer Gruppen nicht gegeben ist. Denn wenn wir „Vier" von unserer Sprachenschule in Zukunft „leben" möchten, so muss der Preis nicht nur die eigenen Kosten decken sondern auch einen Gewinn bringen. Deshalb liegt die zweite Alternative, die Leistungs- und Qualitätsvorteile erzielt näher. Der Nutzen für die Asylanten muss deutlich hervorgehoben werden. Beispielsweise durch die Tatsache, dass Integration durch Sprachkenntnisse wesentlich erfolgreicher verläuft. Der Nutzen ist nicht so einfach zu vergleichen wie der Preis als quantitative Maßeinheit. Dadurch können wir dem Preiswettbewerb etwas ausweichen. (vgl. Schlutz, 2014, S. 26ff)

Des Weiteren wird oft noch ein dritter Vorteilsaspekt diskutiert, der Zeitvorteil im Hinblick auf die Zeitdauer der Dienstleistungserstellung und der Reaktionsschnelligkeit bei Kundenanfragen. Eine gewisse Zeitdauer der Sprachkurse erachte ich als wichtig, damit auch ein dementsprechender Nutzen für die Asylanten, und somit für die gesamte Gesellschaft (durch schnellere und bessere Integration) zu erkennen ist. (vgl. Schlutz, 2014, S. 26ff)

Als letztes gehe ich darauf ein, welche ein oder zwei Marketinginstrumente ich wähle. Marketinginstrumente sind Einzelmaßnahmen und Maßnahmenbündel, mit denen die Marketingstrategien unterstützt werden. Sie „werden als Gestaltungs- und Politikfelder zusammengefasst, die sich auf unterscheidbare Gegenstände beziehen, mit denen jeweils eine andere Art der Kundenbeeinflussung verbunden ist: Kommunikationspolitik, Leistungspolitik, Distributionspolitik, Preispolitik, Personalpolitik/Personalgewinnung. Die nötige Gewichtung der Felder in einem Marketingkonzept bezeichnet man auch als Marketing-Mix." (Schlutz, 2014, Glossar S. XI) Folgende Gestaltungsaspekte werden unterschieden: Product (Leistungs- und Angebotspolitik), Promotion (Kommunikationspolitik), Place (Distributionspolitik) und Price (Preispolitik). Durch die Ausweitung von Marketing über die Güterproduktion hinaus in den Dienstleistungsbereich wurden weitere Aspekte hinzugefügt. Dies sind di Personalpolitik, die Prozesspolitik und die Ausstattungspolitik. Für das Bildungsmarketing, wozu unsere Sprachenschule zählt, ist die Qualität des Personals – sprich von uns- sehr wichtig. Den die Kunden wie beispielsweise die Agentur für Arbeit wird durch die Asylanten evtl. Rückmeldung erhalten. Ebenso wird die Agentur für Arbeit durch Statistiken den Erfolg gemessen und mitgeteilt bekommen haben wollen. Die drei zusätzlichen Aspekte können als People (Personalpolitik) zusammengefasst werden. (vgl. Schlutz, 2014, S. 30f) Ich würde einen Marketingmix aus Kommunikationspolitik, Preispolitik und Leistungspolitik anstreben. Ich würde im Bereich der Leistungspolitik den Nutzen der Sprachkurse für Asylanten und die hohe Qualität bezüglich der Sprachkurse für „Wirtschaftsenglisch" hervorheben. Ebenso zusätzliche Serviceleistungen wie Integrationsberatung usw. . Bezüglich der Kommunikationspolitik für die Asylsprachkurse würde ich (Bei Bildungsträgern werden derzeit durch das REZ /Regionales Einkaufszentrum für Bildungsmaßnahmen Kurse vergeben) die Ausschreibungen des REZ genau studieren um dementsprechende Konzepte dorthin abzugeben um den Zuschlag zu erhalten. Bezüglich der Kurse für spezialisiertes Wirtschaftsenglisch machen wir Werbung in Wirtschaftszeitungen (Annonce preislich noch erschwinglich und wird von angestrebter Zielgruppe gelesen), Tag der offenen Tür (kostengünstig und es werden Interessenten aus der näheren Umgebung angesprochen) und Anzeigen in der regionalen Zeitung. Durch geeignete Kommunikationsmaßnahmen wird der

Kunde auch emotional angesprochen – beispielsweise bei einem Tag der offenen Tür. Hier können potenzielle Teilnehmer uns und unsere Dienstleistung persönlich kennen lernen. (vgl. Schlutz, 2014, S. 32f)

Preispolitik wird zum Teil auch Gegenleistungs-, Kontrahierungs- oder Konditionenpolitik genannt, je nachdem wie sich die Austauschbedingungen darstellen. Eine Niedrigpreisstrategie können wir als neu gegründete Sprachenschule nicht anbieten, da wir ja weiterbestehen möchten und uns auf die Qualität konzentrieren. Da wir es in unserer Sprachenschule mit verschiedenen Märkten und Kunden zu tun haben, schlage ich eine differenzierte Preisgestaltung vor. Je nachdem ob es sich um Sprachkurse für Asylanten oder andere Zielgruppen für Wirtschaftsenglisch handelt. Wir können unseren Selbstzahlerkunden Rabatte anbieten bei der Buchung von zwei Kursen. (vgl. Schlutz, 2014, S. 32f)

Begrenzt werden wir in unseren Entscheidungen auch durch unsere Größe des Marketingbudgets. Hier müssen wir im Voraus festlegen, wieviel wir hierfür ausgeben möchten/können. Es ist also eine angemessene und sinnvolle Verteilung wichtig welche die Kosten für die Marketinginstrumente sowie die Zielverfolgung/-erreichung der Sprachschule im Auge behält. Die Volkswirtschaftslehre hat hierzu die Gossenschen Gesetze formuliert. Diese lauten: Das Gesetz des abnehmenden Grenznutens und das Gesetz vom Ausgleich des gewogenen Grenznutzens. Das Erstere bedeutet, dass sich auch ein wirksames Marketinginstrument durch Gebrauch abnutzt und nach einiger Zeit evtl. nach Varianten verlangt da es in Bezug auf die Kosten nicht mehr effizient ist. Und das zweite Gesetz besagt, dass Unternehmen die bisher nur ein Instrument genutzt haben, weitere unverbrauchte Instrumente zur Verfügung stehen. (vgl. Schlutz, 2014, S. 33) „Es ist deshalb ratsam, Mittel umzuverteilen. Die optimale Mittelverteilung ist dann erreicht, wenn jeder zusätzlich verfügbare Euro für jedes Instrument einen ebenso hohen Umsatzzuwachs erzielte, den sog. „gewogenen Grenznutzen" „. (Schlutz, 2014, S. 33f)

Literaturverzeichnis

Schlutz, E. (2014): 2., überarbeitete und aktualisierte Auflage. Weiterbildungsmarketing. Studienbrief Nr. EB 1020 des Master-Fernstudiengangs Erwachsenenbildung der TU Kaiserslautern. Unveröffentlichtes Manuskript. Kaiserslautern.

Reich-Claassen, J. (2012): 2. Auflage. Weiterbildung und soziale Milieus: Grundlagen für Programmplanung und Bildungsmarketing. Studienbrief Nr. EB 1010 des Master-Fernstudiengangs Erwachsenenbildung der TU Kaiserslautern. Unveröffentlichtes Manuskript. Kaiserslautern.

Internetquellen

http//:1: http://www.bpb.de/apuz/32220/lebenswelten-von-migrantinnen-und-migranten?p=6 (Zugriff am 02.11.2015, 22:32 Uhr)

http//: 2: http://www.bpb.de/apuz/32220/lebenswelten-von-migrantinnen-und-migranten?p=6 (Zugriff am 02.11.2015, 23:14 Uhr)